El momento

de las

INICIACIONES

El momento

de las

INICIACIONES

OSMARI REYES GARCÍA

Editorial Primigenios

1era edición, Miami, 2021

Edita: Editorial Primigenios
Miami, Florida.
Email: editorialprimigenios@yahoo.com
https://editorialprimigenios.com

Edición y maquetación: Eduardo René Casanova Ealo

Las palabras nos traerán las
pruebas de que sobrevive

Caer en mi trampa

La palabra se torna intención huracanada,
designio,
preludio del desastre
          mientras me voy temprano a dormir
para disimular mi empeño.

Crecen abismos silvestres
          me dijo una oveja
que empujaba al rebaño hacia el aullido de los
lobos.

Es bueno arrojarse
          (a veces)
hacia la profundidad desconocida
para alcanzar las sombras
que serenamente se pierden.

Presumo de correr hacia la ausencia,
agarrar lo inasible con fuerza extraña,
con dicha exquisita y olvidarme de la parábola,
del abrigo,
del regreso.

Al terminar cada jornada describo las
ganancias,
las palabras para nombrar mis espacios,
los perennes escondites a los cuales acudir
            permanecer inerte
y disfrazado.

Se evaporó la gota de los desvalidos
                al abrir el arca
para ofrecerles el invierno acogedor.

Quedé arrastrando las paredes más cercanas,
la distancia que construye ritos
                para luego delatarnos.

Sigo cayendo en mi trampa.
Permanezco alerta a los perdones.
Nada pasa inadvertido.

Estar de pie hasta la madrugada

Queriendo escabullirme de los fracasos
me paro frente a la ventana,
pero todo eclipsa de repente
ante el manojo de impulsos que vinieron a
irrigar el día.

Vengo de lugares donde nada es urgente.

Sonrío sin argucias para mantenerme
habitable,
colindante,
fronterizo,
esbozando las atracciones del silencio,
conquistando el más absoluto de los secretos.

Sentencio al sueño que se vende.
Censuro el precio de las estrellas.
La ruleta nunca me ha dicho nada,
la concibo el peor de los disparates,
                otra forma de salvar la inercia.

Empleo mi fortuna para estar de pie
hasta la madrugada

para disipar toda confianza
y reforzar las bases de la casa nueva.

Descreo en la suerte. Admito el fruto.
Los alrededores se mantienen a salvo de mis
pupilas
que lo absorben todo.

Permanece solo, en la isla que se escurre, con el deseo y El mismo rostro desde la mañana. Quiere ser alguien, resistirse a los plazos, al destino, hacerse imborrable, ser de los que nos dejan sin inventar disculpas y se van siempre pero nunca se fueron.

No ha cejado en el encargo de encontrar otro rumbo, otra forma segura de construir el día. Algo lo sustituye con demasiada prisa, amarga las alas indecisas, se suma a sus tardanzas para impedir el cante del año que florece, privarlo de acomodar las horas inútiles, interminables, repetidas, hasta descubrirse oportunidad de compartir lo poco que se pierde.

Hay un símbolo devuelto en su silencio, ganas de no hablar de nada, no anunciar que la ciudad oculta sus temores. Siempre se ha dicho "las palabras se las lleva el viento", ahora lo sé, ellas un día nos traerán las pruebas de que sobrevive y regresará para contar otras historias. Tal vez

ya no estemos dispuestos a escuchar, al menos,
ya no las historias de finales felices.

Convencido de que pasaría todo el tiempo cavando en el traspatio, tocando los secretos de la tierra escurridiza y desnuda, dibujando en las nubes las más extrañas formas porque los sueños todavía no estaban alarmados y el universo era virgen, mi único desafío era quedarme para ver el sol en la otra esquina.

Luego mirar a los ojos sin buscar respuestas escondidas en los años esparcidos a lo largo de la costa. Saltar para asirme de la luna, columpiar todo el insomnio, ahuyentar la oscuridad que espera su momento detrás de un rostro sonriente, detrás de unas monedas.

Los amigos prestan sus juguetes, mantienen la apariencia de niños. La inocencia desborda la isla que suele ser pequeña para tomar por los atajos a encontrar otros desvelos, otras palabras para exhalarlas cerca de nosotros y romper el silencio cansado, despertar las
ansias de devorarnos, acortar la espera.

El tiempo amordazado nada dice de sus pesadillas,
de las quejas que soltamos a recorrer la vida
hasta llegar a descubrirnos.
Ciertamente somos aire,
trozo de cielo hambriento,
eco lejano,
voz del arpa enmohecida
que se aferra a divulgar las dos caras del sueño.
Cárcel aparente,
impalpable.
Porción entre las dos eternidades
para incitar a los que son menos proclives a la sordera,
a escuchar el llamado a derribar la puerta,
agarrar la cuerda para atar las dudas.
El tiempo amordazado
nada dice del tiempo perdido,
de las múltiples formas de la muerte,
de la senda estrecha que puede salvarnos (para ganar adeptos).
Todo deja de ser cierto al fondo del olvido.

Nada puede herir la luz que alarga nuestras
sombras.
No hay tristeza bajo la lluvia.

Aunque el mundo vuelva a imaginar su
existencia
y cierre los ojos para no mirar la distancia
fracturada,
estaremos parados cerca del camino,
repletos de todo lo que cabe en la memoria,
siguiendo las huellas de la isla
que a ratos nos deja a nuestra suerte,
la ruta repetida ante el menor descuido,
para llegar y apuntalarnos sin restricciones,
y provocar la escapada-rapto,
el asalto-espera,
el final de temporada.

Por las calles de la ciudad va mi sombra

*Por las calles de la ciudad va mi amor. Poco importa
a dónde vaya en este roto tiempo.
Ya no es mi amor: el que quiera puede hablarle.*

RENÉ CHAR

Veo al hombre que soy cada vez más distante,
buscando lo mismo en otros sitios,
precipitándose todo el tiempo
sobre el presente fracturado,
dudando de las promesas alcanzables.
No quedó jornada entre los días
para otra criatura que no sea aprendiz de poeta.
No quedó espacio en el balcón despierto
para otro canto audible.
No quedó señal en la espera
para culpar a la ciudad abandonada
que se asoma y nos recorre cualquier día.
Quedó el hombre que a veces vuelve,
el hombre que soy cada vez más distante.
Por las calles de la ciudad va mi sombra.

Poco importa...

Anticipo de las nupcias

Recuerdo cuando todo era inmenso.
Cuando había palabras sagradas
como la palabra maestro.
Cuando podía esconderme en el escaparate
donde quedaba espacio para mis primos y mi hermano.
Cuando encontraba refugio huyendo de mi madre
y su chancleta amenazante
como el humo ante la estatua,
debajo de la cama.

Ahora todo se disuelve de repente con solo una noticia.
Todo se torna diminuto en vísperas del nuevo salto.

Es absurdo adueñarme
de todas las ciudades que jamás serán las mías,
que no serán las de los antiguos cantos
cerca de la cañada
donde aprendí a llorar por la otra mitad
que siempre estaba ausente.

Cruzo todos los días mirando la memoria
fatigada,
transito hacia un lugar desvanecido,
lleno de cosas sin dueños,
hacia un norte que me contiene
en cada desprecio donde anulo mis excusas.
Cansado de vida y su juego transitorio,
de la breve travesía hacia la muerte inexorable
desconozco al tiempo levantado
en medio de lo eterno,
con la impronta convertida en anticipo de las
nupcias,
despierto todavía,
con cicatrices sumadas a mis versos
me lavo del sudor al invocarte
y antes de que el sueño se vuelva espuma en el
paisaje
me derrumbo donde nadie pueda verme.

25

Euforia, plenitud de voces que me colman. A veces también callan. Uno al cual hablar cada mañana y escuchar cada noche y poder felicitar cada diciembre. El más imprescindible de todos los amigos. Compañía cuando todos estén lejos. Relevo ideal de las ausencias.

Este día remonta a aquella tarde
y miro más adentro, aunque no me acerque.
Hay una transparencia donde nada germina,
cansa demasiado,
reaparece incomparable.
Busco las coartadas que me dejen despierto,
disperso,
inquiriendo las señales que dilatan la miseria
más allá del poema que me sentencia
en lo que digo y en lo que callo.
Ojalá pudiera despedirlos.
Ojalá tuviera la voz que no encuentro para
decirles:
"por favor regresen ahora que somos dos
mitades,
ahora que conocimos lo eterno,
ahora que seremos discordia en todos los
espacios
para conquistar en paz todas las ciudades."
Mientras quede un peldaño
que ocupar con nuestra alianza,
mientras estemos rodeados de estrellas
vencidas,

mientras despertemos para alcanzar
lo más lejano a nosotros,
lo que nos estrecha hasta estrangular el brillo,
me voy a revolcar en esta parte de mí que se
queda,
voy a tropezar con las trampas que llevo de
equipaje,
voy a gritar que el mundo está muriendo
aunque nadie me escuche.

El momento de las iniciaciones

El ángel llama otra vez

Mientras dormía, alguien rechazó la llamada del ángel silenciando los minutos que se sientan a cantar al son del desamparo. Se escurrió entre el viento y la nada, evitando ser descubierto como simple e inocente. No me dijo sobre el abatimiento, la desolación tempestuosa que extingue el mundo resignado a subsistir en otra parte.

Hablar con ángeles no es muy cotidiano, a veces es más fácil desterrar al poeta. Intenté con el cuchillo puesto en la cintura para cortar lo absurdo aprendido con el
paso de los años. Evito el precipicio de las apariencias, lo que a simple vista parece un lago, pero es hábito de otro provinciano.

El azar la visitó y no por eso ahora es más gélida entre los que avizoraron la muerte, ni menos fuego porque siempre dice lo que piensa. Odio la mentira cuando alistamos los misiles. El amor crece, aunque la noche me deje con el álgido intento que me sobrepasa. La distancia siempre gana porque falta el golpe asestado a mi vacío, justo en el eslabón más fuerte, allí donde pernoctan los que odian las raíces.

Padre

Padre no está en su casa...
Nube adentro se fue.
Ya el sol se había apagado para entonces

QUINTÍN OCHOA ROMERO

I

Caminó con prisa su camino
para llegar temprano como siempre.
Virtud. Merecimiento.
Luz de las noches oscuras.
Abandono prematuro. Piel que sucumbe
al intento de escalar lo difícil.
Dolor. Rayo de sol.
Cifra que abandona.
Crisol que al crecer domestica
y recoge despojos.
Habita en la isla.
Amontona preceptos.
Edifica la torre.
Navega sin velas, ni motivos aparentes.
En la próxima hornada de versos mutilados
voy a retomar palabras olvidadas este invierno.
Veré si planto otras (en algún rincón lejano)
para desmentir la arrítmica canción

cercana a mis oídos.
Mis pensamientos en días como este te
pertenecen.
Estuve perdido un tiempo
hasta detenerme en la frontera.
Allí me reencontré conmigo,
con nosotros.
Las mejores palabras no se han dicho,
deambulan con su mundo de bolsillo
custodiando al pétalo invidente,
siguiendo el cauce del río que traspasa las aguas
oscuras,
paraliza al mundo que muere a cada segundo
y niega un gesto a la sombra compañera de la
vida
o a su cuerpo reclamando descanso.
Tuvo tantos sueños guardados
para no traerlos donde el sol lastima.
Aún caza mariposas para acariciarlas
con palabras dulces que apenas recuerda
y hasta la mañana,
mientras todos duermen,
cuando todo es calma que acoge al dolor,
entona canciones,
suelta sus armas,
extiende sus manos y queda en silencio.
Se encrespan las aguas,

dislocan la quietud de los peces amigables.
La piedra es arrastrada en el torrente,
devuelve el color de las cosas
y se inclina a recoger los pedazos del día.
Luego intenta no hacer nada,
mirar a otro lado,
pero está presente en mi mundo
y otros mundos paralelos.

II

Si no fueras luz de supernova,
sombra de agujero negro.
Si fueras galaxia y no universo,
intentaría hacer algo
lejanía (al menos),
precipicio construido por la muerte.
Me sentaría en un lugar tranquilo
a esperar...
III

Hoy con un poco de cansancio a mis espaldas
puse un escalón frente a mi cama,
(donde las olas baten con más fuerza)
para ver salvar al pez que yace en el olvido.
Tiré mi red para sacar la suciedad de la mirada
y saqué semillas de otro mundo,

lámpara oscura,
oquedades permisibles,
ventana,
estaciones obligadas.
Intento quedar dormido al tacto del mañana
y negar que disimulo
cuando invades los espacios ganados,
saqueas todas mis dudas,
reduces a versos de arcaísmos sin dueño
la luz escondida,
los pensamientos profusos divagan,
pernoctan en la esquina.

IV

Las manos ansiosas bojean tu silueta algunas
veces,
el olvido llega sin aviso,
parece adueñarse del Santuario
son el silencio triturado por las piedras,
límite de lo indecible.
Se abren las puertas del silencio
con el pretexto de abandonarnos
mientras el mundo ama lo ambiguo
por lo que una vez lloramos.
Se levantó la espada forjada desde siempre,
empuñada por niños-ancianos.

Se hizo sordo el consejo,
alcanza el vacío,
horada los tesoros,
enriquecen lo absurdo.
Se escucha el grito:
aconseja calma como estruendo nacido en el
eco.

V

Sobrevivió a las canciones,
a los amigos,
al consuelo.
Distraído ya no atiende a los temores.
Se suma al cauce,
a la simiente,
al recuerdo,
a la tarde sin el fruto.
Duerme. Avanza. Confunde.
Se agolpa en la lejanía.
Advierte. Atraviesa al desamparo.
Toca el arpa a los mendigos con los dedos de su
alma.
Reparte lo que no tuvo,
empina otra vez su vuelo cargado de soledades.
Sin canciones. Sin amigos. Sin temores.
Ve pasar mis esperanzas junto a la creciente

con el consejo inoportuno,
hiberna
esperando la estación infértil y obligada.
Ahuyenta a los fantasmas que congelan mis
huesos
mientras voy aguas abajo.
Allí quizás aún sea de día.
Podría anunciarse un nuevo pacto,
convertirse en el hogar de otros horizontes,
señalar la encrucijada,
proponer un día festivo,
purificar el océano,
edificar un templo,
borrar la desmemoria,
dibujar los rostros asombrados,
elegir ser pedestal o guillotina.
Laberinto de corduras sepultadas.
Miedo de vivir sin pasos.
Alucinaciones deshabitadas en alta mar,
cantos de sirena,
desastres ocultos a la vista y al tacto,
desafío que llama cuando muere una estrella.

VI

Despierto y el espejo oculta las verdades
devastando aventuras.

La sangre no alcanza para nuestros dinteles.
Luz,
préstamos,
música,
danza,
tarde hueca y hereje.
Profano con mis dichos tus consejos
a razón de la ignorancia que me incita.
Perdóname por no venir ayer cuando rayaba el
alba.
Reclamo el intento de seguir una pista falsa,
correr hasta los precipicios hurtados
en la ebriedad
de los pocos abrazos que recuerdo.
Evito la espesura urbana de otros designios.
Perdóname por no llegar a tiempo
cuando escribir no era mi tiempo,
ni tu tiempo.
Cuando escribir era una forma de acallar las
voces,
los susurros al oído
y escudarme tras tu piel
huyendo de la soledad que siempre amaste
era mi consuelo.

VII

Ha pasado ya la era de un segundo.
A escasos ventanales de tu sonrisa detengo mi
carruaje.
Mi séquito es tu luz que me acompaña
para no tropezar con los recuerdos
y otra vez ser presa de mí mismo.
Tu sombra es pañuelo y es almohada
que he guardado en la palma de mi mano
para ya no traficar la desmemoria.
Perdóname otra vez
por silenciar la voz callada
y repartir La Nada a los hambrientos.
Tal vez si convocara a una asamblea de harapos
pudiera rescatar aquel reclamo
que llama desde el fondo de la era.
Canto en plena guerra
para no pensar en el reposo,
ni en la sangre.
Confundo el polvo con la niebla.
Niego en la orilla la mano distante
y fracturada,
el pronto auxilio.
Minimizo el espacio profundo
que incinera la sílaba puente-condena.

Clonado al compromiso nomina-señala,
borro los espacios:
es la forma acabada para escrutar vacíos.
Perdí la vara de las Hadas.
La tristeza da sus pasos,
busca la mañana.
Quedó reducido el mundo al gesto indócil,
es notable la ausencia,
las risas y lágrimas exportadas
a países tan distantes
donde ni el grito alcanza a rozar sus vestiduras.

VIII

Pronto habrá una invasión de marionetas
vi el anuncio en las noticias.
Que se sepa en todos los confines,
que se comente en el barrio
"me reconcilié con los días próximos,
quizás las palomas me visiten."
Intento medir mis palabras
para ver si alcanzan al construir un puente
entre nuestros mundos,
caminar sin prisa a través de las horas lentas
de la llave en la puerta
el día que tus huellas nacieron sin malicia
en la humedad de las constelaciones.

La noche perdió sus costumbres
cuando se escuchó la orden.
Cesó la espada.
Se ha cumplido el tiempo del regreso a casa.

La guerra de la paz

Si usted ama la paz,
procure que su amigo también la ame
y la lleve con él a todas partes,
como lleva la piel y el brillo de los ojos.

CARLOS CASTRO

Todos ganan un lugar entre los que ofrecen su lamento. Debería existir más allá del día prohibido. Habitar al fondo del pasillo donde duerme la otra mitad perdida.

Asalta otro minuto. La brisa refresca al siglo naciente. Estaba allí y hacía a los hombres jugar entre la hierba sin hablar de sueños inconclusos hasta que apareció la guerra por estas latitudes, traída por algunos de alma irreverente, como se trae pan al laberinto o cenizas al jardín para mirar como desciende la guillotina.

La paz atrapa al peldaño inadvertido, la armonía, el equilibrio. Ha de pelear la guerra contra el cansancio trasnochado, contra los desvelos antes del regreso. Dejemos entrar la paz a los salones donde decimos la palabra

definitiva y que no salga a recorrer el mundo
sin borrar primero la torpe culpa.
Solo la paz puede ganar la guerra.

Otra vez el sol lanza su furia sobre el trópico
y quedamos en la isla los sin poder escapar,
llevando una marca invisible en la palma de la
mano,
asintiendo con la cabeza
al discurso inaudible del corazón.
Quedamos a merced de nuevas alegrías
Sobrevolando la escasez que intenta apagar la
hoguera.

La brisa en la costa,
el ruido provocando olas,
otro rostro en el catálogo con otra voz y otro
camino
son motivos suficientes para soltar el lecho
y correr tras la vida.

¿Quién dijo que todo está perdido? dice Fito.
Miro y veo algunas cosas regresando,
sonriendo,
cantando para que nadie escuche,
repitiendo *Don't let me down.*
La espuma no termina de gastarse
y yo trasnocho todo el día.

El llanto se mantiene fuera,
Donde no puede romperse mi silencio,
ni el rostro perfumado,
no seas más de lo que eres: encuentro,
péndulo,
repetición.

La última vez me quedé en un país que no
existía,
el desierto se convirtió en floresta,
comencé a sentir sed de verte.

Es difícil alejarse
cuando nos mantenemos sumergidos en las
horas,
contando las fracciones que componen el
tiempo,
escuchando los pequeños golpes
que nunca destruirán al puente,
desconociendo nuestra pertenencia
en la otra orilla.

La piel de la isla nos reviste de adolescentes.
La ciudad desaparece.

Sometemos a nuestro paso

las huestes de los años reposados
para revivirlos en un segundo.

Vale la pena esperar al próximo verano
para cantar los mismos coros.

Si por alguna razón ajena a mi voluntad
no estoy por estas tierras,
sentirán el eco de mi voz desesperada.

Una parte de nosotros desconoce los días prohibidos. Lejos del fuego, del el precipicio abismal, junto a la sima tenebrosa. Vuela. Conquista.

Tímidos y callados, imitando el desplome del cielo antes del tiempo señalado, vivían a su manera: ausentes, acostumbrados a ser unas veces libres y otras veces esclavos, renunciando de antemano a las promesas. Luego apareció ella, sentada un escalón más arriba de la inexistencia. Hablaba distinto, vestía diferente, estaba varada en algún remolino. Era manantial y tizones encendidos. Su voz despertó la avidez, la duda, la urgencia de respuestas. Habían pasado los escasos intentos de negarse hojarasca en la ventisca, universo reducido al retorno inacabable, segundo irreverente. Tomó un soplo de aire queriendo perpetuar el día. Levantó la mirada a la vastedad que nos cobija y como hablando a La Nada, con voz que alienta y asusta, voz de madre y de verdugo sentenció: quizás siempre hayan sido esclavos en la libertad o libres en la esclavitud, nadie podría decirles. Solo ustedes pueden hacerlo. Solo ustedes deciden lo que quieran ser.

El momento de las iniciaciones

El olvido nace de los gestos cotidianos,
desciende profusamente
sobre los días al mínimo descuido
y nosotros sorteando las miradas,
traduciendo el ríspido discurso que nos
ahueca,
nos sobreponemos al silencio advenedizo.

Permanecemos a rato inmóviles,
(acaso descubiertos)
contenemos el aliento.
La mirada señala para delatarnos,
para acentuar nuestra aridez antes presentida,
pero todo intento queda en silencio,
ojalá fuera caos,
golpe,
destierro,
fragmento diario de resurrección,
ventana tirada por la furia del viento
en las mañanas imposibles.

Desprendo una torpe espiral de mi osamenta,
un látigo ancestral para compartir el ayer

                sin tantas precauciones,
mi invitación a las ciudades vecinas
a desdibujar la hora interminable de la
angustia,
el precipicio de rostro triste
lanza al aire la oscuridad de la discordia.

Este es el momento de las iniciaciones,
proporcionar el agua clara contra la perfidia,
el espejo contra la analogía de las despedidas,
la foto contra lo perdurable que a veces
padecemos.

Viejo

Ha perdido el brillo de los ojos y la cadencia en sus palabras que gotean como prohibiendo cubrir las huellas de su mirada tierna. Examina al horizonte buscando la luz, aunque para él nunca será noche porque percibe con el alma la verdad oculta, con la certeza de tocar las cosas algo de ellas queda en nosotros y algo de nosotros queda en ellas.

Dice: "hay que reparar el corazón para no terminar siendo uno más en el rincón de los desechos, para saber por dónde pasar aprisa y dónde pararnos a contemplar la diferencia de los días." Mi amigo es dueño de sus años. No puede ver, pero toca con el corazón, no es ciego.

Nada nos matará del todo

Nunca es demasiado tarde para la poda,
para anunciar otra jornada
y retomar sin ceremonias las decapitaciones.

¿Por qué temer al polvo que nos persigue?

Lejos de todo ondea
la bandera de la patria recién nacida.
Manan las fuerzas escondidas tras las
columnas,
persiguen su destino.
Se anuncia en medio de la plaza lo
indescifrable.

¿Por qué temer al hacha que nos asedia?

Estabas destinado a recibir la herencia
pero renunciaste al vino,
desechaste el pan
la mano,
las ofertas.

Tu mundo apacible poco importa

mientras existan los amigos con preguntas,
abandonados bajo el azul inmenso
al borde del derrumbe
conociendo primero el desamparo.
Alguien nos traerá de vuelta a la cordura.

Las ramas secas ahuyentan a las palomas
que se van llevándose el temor de los abuelos
en un rito que jamás nos propusimos
y fragmenta la orilla que nos sostenía.

Despedidas que nos atrapan, pero no nos
retienen,
hieren nuestras mejillas pero no nos matan.
Mientras tengamos el nido interminable
nada nos matará del todo.

Un desconocido arroja su furia
contra el viento a mitad del día.
Intento rescatarte entre los sobresaltos,
entre las olas,
en los rincones de la tarde interminable.

Con palabras frescas decora un nuevo epílogo.
Bastaría con coleccionar los techos
desplomados,
las memorias de un huracán antiguo
que nos quebró el orgullo
pero de nada vale zurcir los agujeros
cuando vamos a marcharnos.

Estábamos alegres,
felices,
al menos una vez lo fuimos sin necesidad del
brindis,
del ruido,
del peso en las espaldas.

Otra vez regreso desde mis sombras a buscarte,
traspaso la zona de peligro,

esta vez no queda siquiera el enfado.

Bastaría con ser unánimes,
cerrar ventanas.
permanecer despiertos hasta que cese el humo,
caminar hacia la mitad transparente de los
rostros,
descubrir la distancia
que poco a poco nos alcanza

Amarré algunas frases a mi cuello

Se agarraba a cada vuelta que daba el mundo
buscando su espacio entre los presentes,
para aplaudir al futuro improvisado bajo la
lluvia.
Rodeado de palabras incomprensibles.

Armado de frases torpes
frente al retrato,
apuñaló la ciudad,
arrancó con gestos universales
la culpa permanente,
sin descansar de las inundaciones,
sin prolongar las carcajadas,
sin empañar las ceremonias
ni tatuar en su frente las argucias.

Quedó suspendido del cansancio
con demasiada sombra,
esperando el reclamo inacabable
para borrar el resto del tiempo.

Aturdido de soledades anticipadas,
mañanas victoriosas,

navegando hacia lo sagrado,
desconociendo la hora del regreso
de los amigos de rostros invisibles.

Existía sin sobresaltos,
más cercano a los sueños distantes,
a pocos metros de mis dudas.

A veces miro hacia su sitio preferido
donde el mundo flota todavía,
lleno de asombro
y vuelvo a verlo.

A veces lo veo frente al espejo.
Continuamente borra las ausencias
y no lo sabe.

Nada se añade a la horrenda dicha, al lapso
que se escurre, al espacio que se ahueca

Vuelven las horas cargadas de temor,
esta vez disfrazadas de vuelo y búsqueda
incesantes.
Retornan para apaciguar la sed de llegar a
disiparnos,
pero ya no quiero deambular la misma ruta.
Sin quejas prolongadas
sobre el mundo improvisado,
me entrego a mis amigos.

El reloj espera para convencerme
de abandonar mis fuerzas.
Desenfadadamente intento desechar las calles,
preso de las ausencias
me urge cantar sobre las huellas
que nos estremecen
mientras un destello me retrata.

Me veo mutilado en el desierto,
respondiendo con mudez sobre las dunas.
Cuelgo un cuadro en la sala de la casa
un cuadro que sugiere lapso,

espacio hueco.

Nada se añade a la horrenda dicha.
Silencio sobre mi silencio.

Mi pueblo

Aquí nací. Aquí nacieron mis ancestros. Sitio de mi infancia donde aprendí a jugar y aún sigo el juego, aunque parezca que solo sobrevivo. El más grande y hermoso de todos los lugares, antes de la estocada que nos dejó sin inocencia. Calles, gente. Aún estoy buscando entre las piedras otro intento de estremecer la distancia.

Las casas se ven más apretadas, como si quisieran abrazar a sus habitantes, las calles han perdido parte del rostro, no se puede andar por ellas con demasiada prisa.

Algunos ya no ríen, apenas hablan, parecen haber olvidado. Pocos cavan buscando agua. Muchos partieron procurando una vida mejor, llegaron lejos, donde se puede vivir sin cascabeles. Ay de quien se fue sin irse. Ay del cómplice de la opacidad del día.

Intento retratar la vida

Hay un muro infranqueable
frente a mis difuminados rasgos,
alguna criatura que no se acostumbra
al sonido del cuerno.
Son los siervos lamiendo sus heridas,
desechando las máscaras usadas
para recoger del suelo los supuestos
calendarios.
La mirada incrédula mordisquea la
impotencia,
la búsqueda incesante de motivos exquisitos,
detrás sonríen los intentos
pero no se acostumbran al brillo de la noche.
Es hora de incendiar los navíos,
detenernos en el centro de la Nada,
aplazar nuestro deseo de encontrar al arco iris.
Nadie sabe cuándo volverán los sobresaltos.
Se abrirá la herida cerrada en falso,
negaremos la música,
descubriremos las ausencias.
Detrás de cada intento de retratar la vida
hay silencio,
gente deambulando.

De este lado de la pared inmensa quedan
destellos
antes de descubrirme mutilado
sin las fuerzas de afirmar el paso
y superar las pesadillas inventadas.
Queda el poeta rescatándome de mi tristeza
para luego ser el que se asombra.

Mujer que sale de la noche
devorando la ciudad en cada esquina.
Deshojada.
Impura.
Libre de amuletos.

Con algo para llevar donde los ladrones no
alcanzan,
con el presentimiento incierto de sorprender a
todos
con la noticia fresca
de algo escaso pero propio,
existir a pesar del sabor amargo
extendido hasta puerta
que se desintegra con sus años a cuestas.
Acaricia al niño vencido por las horas.

Mañana tendrá una edad borrada,
hablando en otro idioma (piensa).
propina golpes al vacío,
nada con fuerza a pesar de las olas
hermanadas,
regresa a la isla desierta cada tarde.

Mujer iluminada dentro de lo horrendo.
Mujer de llanto reprimido entre migajas.
Apareciste para extinguir lo inmerecido.
Nadie te espera para sufragar tu paciencia,
para enseñorearse de tus noches tolerantes.

Mañana sonará el reloj,
despertarás sonriente,
caminarás aprisa en tu primer día,
mientras llegas,
(como quien arroja el pan sobre las aguas).
Te miraré desde mis versos.

Águila o paloma

La vida de la paloma oscila entre los días sin demasiada prisa. Desconoce lo impostergable, la urgencia del canto hermoso. En cambio, el águila está siempre esperando la creciente repentina. Vuela alargando los años. Cercana a la mitad de su camino se renueva. Sube bien alto y sepulta todas sus flaquezas. Siente el dolor cercano a las estrellas para esquivar la herrumbre.

Música triste en la distancia, quiso regresar con la rama de olivo en medio de las
profusas aguas, sobrevolar la tormenta, arrancar la desesperanza, pero no pudo ser ni una cosa, ni la otra, se fue apresando los regresos sucesivos, cuando todo comenzaba por fin, a ser cierto.

Es difícil comprender el significado del relámpago, mirarse al espejo sin pensar en lo perpetuo, ser en lo secreto semejanza de la mano, borrar las formas, evitar simplificarlo

todo para conquistar los miedos, verterse en
vísperas del brillo inalcanzable.

69

Amarré algunas frases a mi cuello

Me propuse pasar el resto de la tarde a solas
o entre desconocidos,
hablar de cualquier tema,
cosas invisibles para ver pasar al tiempo
y refugiarme en la distancia.
Extender las horas sin el temor constante a
omitir algo.
No escribir sobre los acordes custodiados bajo
el verso.
No malgastar el tiempo en asuntos
importantes.

Pero cuando comienza a caer la noche
sobre la ciudad dormida
las promesas son como vidrio y la vida como
pedradas,
el orgullo es más ajeno que cualquier trozo de
mar
cancelado de repente en cualquier cresta
mientras viaja hacia las naves,
cargado de naufragios.
Quedé huérfano otra vez

secándome bajo la piel que disimula lo que
guarda.
El verdugo no señalaba hacia el lugar vacío.
Amarré algunas frases a mi cuello
para tener algo en la alcancía
y cuando cesen los aplausos,
tener panes y peces para ofrecer a los amigos
o al menos el envite de pedir por el milagro.

Dócil sentado a la otra mesa

Sin nada brutal que me obligue
a permanecer inalterable.
Apenas visible al enemigo
que habita ciego a mi sombra.
Más seguro en el aire esparcido y sospechoso,
deslizándome en dirección opuesta a mi
esencia.
Alguien ladra hacia lo eterno,
roba unos pasos,
se acerca más al puente,
apacigua unos instantes la cordura.

Sin descendencia,
volando en círculos concéntricos
alrededor del laberinto mecido en cada rama,
arriesgándome a desconfiar
de los cuervos próximos al pesimismo
para comer lo evidente que acampa a cielo
abierto,
medito,
alcanzo lucidez,
respiro mi otra rebeldía.

Las flores

Pueden existir incólumes entre el fuego recio y
el aliento del jardín, libres de culpas.

Se parecen al balcón, a la vida, a los intentos de
salir del laberinto. Me rescatan
de la fábula. Me alimentan contra el miedo. Se
escurren entre las palabras impronunciadas.
Tengo demasiadas dudas.

Paradoja de la vida, los hombres queriendo
eternizarse al pie del holocausto, mientras las
flores sonríen. El mundo, sin ellas, sería una
casa de renuncias. Quedaríamos a merced del
camino.

La casa prometida

Itinerario

Sube el telón.
Preludio:
Me despojo suavemente del destino,
de lo irreprochable que antecede a cada
desafío,
del desamparo heredado por otras noches.
Intento levantar el vuelo
a escasos segundos de la herida.
Acto primero:
Guardo mi mano destrozada
por llevar el último rostro
antes de adentrarme en la espesura llena de
sorpresas,
luego,
sin descansar ni purgar esta demencia,
adueñarme de la ciudad llena de luces.
Acto segundo:
En la costa,
vacilantes,
esperando una señal segura para iniciar el paso
incierto.
La brisa golpeando al rostro,
el mar furioso,

la mirada fija en algún punto inexistente,
el recibimiento,
el camino recto.
El dolor instalado en algún punto indetenible.
El cielo lleno de agujeros,
ajeno y desterrado,
picaduras de mosquitos.
La oscuridad
bestia primera a quien domesticar.
He venido a humanizarme.
Interludio:
¿Dónde está el enemigo que arrojo
hacia el futuro?
Soy el mismo desde el paso en falso
hasta la ventana.
Al dolor nadie le ha visto el rostro.
El primer brindis.
Acto tercero:
El presumible regreso,
las fanfarrias,
la mirada de los dueños de un territorio
descartado,
mundo diminuto.
Compré el universo con despedidas.
Baja el telón:
Búsqueda incesante.

Tiempo

Estación propicia
para recoger del suelo
los fragmentos del día tormentoso
o apacible.

Época de pronunciar
todas las frases
prohibidas hasta entonces.

Intervalo donde crear
o destruir el personaje mítico,
el héroe
o el villano.

Temporada de arrancar
las raíces,
volver a los comienzos,
convencer a todos de otros intentos
hasta reventar las meras semejanzas.

Espacio reservado mientras dura el día
para añadir o sumar esencias, caídas o cualquier
otra cosa,
menos tiempo.

La casa prometida

Porque otra casa se nos ha prometido donde empinar
los antiguos papalotes,
aunque digan que mi agua no es tan clara
como la del palacio
vengo con mis juguetes rotos a reparar lo inmenso
y despertar sin los caprichos que arrastro casi siempre,
con los ojos desterrados más allá del grito y los delirios,
donde nada se conoce
a no ser el blanco agudo,
las maneras de superar las discordias,
permanecer indiferentes.
Aferrados a los días,
nuestras voces van cayendo sobre el tejado,
con la porción devuelta del cautiverio
a disolver las falsas uniones antes del estallido.
Nada puede saciarnos.
La multitud camina con temor a alcanzar
el borde del fracaso.

Se curva el rostro del destino antes de
pronunciar su
veredicto.
Se deshacen las alianzas.
Un cúmulo de nada nos cancela el brillo.
Los contornos se indefinen,
se vuelven espuma densa desde el fondo
hasta lo más recóndito del tiempo
para impedir que volvamos a cargar con los
insultos
a lo largo del camino.

Declaro mis hallazgos
como otros que también se interesan en lo
inútil.
Reanudo mi intención de quedar inmóvil
(al rato pasas)
nada me perturba demasiado.
Solícito ante lo breve,
llego otra vez un poco tarde,
para callar lo suficiente y pasar inadvertido.
Mis temores se mantienen más allá de mis
conquistas,
como el mundo breve,
más allá de cualquier cosa,
cercano al asombro.
Repaso mi memoria para acortar las
distancias,
sin reclamos.
A diario me despido del desierto y de los
desafíos
antes de domesticar el invisible gesto.
Recuerdo el prodigio de aquel día
cuando estabas a merced de los espejos rotos,

de las palabras necias y te encontré por el
camino
y pregunté tu nombre y dijiste
como quien tiene más dudas que certezas:
mi nombre es Vida.

Se agolpan las preguntas para repetir lo inevitable

En ningún lugar la noche es más oscura
que en la ennegrecida ausencia.
En ningún lugar el adiós es más claro
que en el día que no termina.
Se renueva la lágrima,
pregunta por nosotros.
Se agolparon los dolores para repetir lo
inevitable,
el presumible
nos enseñará a enlazar los ayes
y ofrecerlos como un cántico.
Nadie comprende totalmente los dialectos.
En ningún lugar la noche
es más oscura que en la ennegrecida ausencia,
ni el adiós más claro que en el día que no
termina
porque se parece a la lluvia asomada,
a la porción de suelo inconquistado.
Habíamos pasado los cuarenta.
Nada vertía en el sequedal,
en esta orilla del camino.
Estábamos acostumbrándonos a recoger

la cosecha malograda
y acompañar a los años ingenuos,
bostezando,
sin decir basta.
Amanecimos agarrados al instante,
coleccionando heridas en las manos.
No supimos qué hacer.
El reloj se detuvo.

Desavenencias

Hay una ruptura
entre los días primeros y el último naufragio.

Recelo que aguarda por un motivo
para cerrar la mano
sin tomar por asalto lo inexistente.

Construyo mis pasos mitad espera,
mitad redes,
mientras los otros se sonrojan.

Dispuestos los días cuidadosamente
para descartar el olor vetusto
anidado en las virtudes,
entre los atributos tornándose arrogancia,
escombros,
pérdida irreparable,
barricada.

Contradecimos las dos caras de la moneda.
Deberíamos comprar todas las discordias,
las desavenencias que vendrán a alimentarnos
Declararnos árboles silvestres,
frutos.

Permanece invisible para ganar las próximas
batallas
contra los sueños que una vez la poseyeron.

Gotea,
se amontona lejos del discurso,
simula estar dormida dentro de su cuerpo,
acostumbrada a ser humo.

Descubre formas de encontrarse,
buscar en sus espacios.
Su canción conspira
para quebrantar los días pactados
sin el menor de los temores.

Crece ante el peligro de oponerse a la multitud
sobre el áspero camino.
Sufre de arrogancia,
se permite algunas veces la mirada maliciosa.

Llama desde cualquier esquina de la ciudad
vacía.
Junta las piedras
para reedificar los muros
y apresar al desconcierto.

El día de la última estocada

El día de la última estocada

Niego las palabras que vendrán a rescatarme.
El hierro niega el paso al hierro.
Se escucha el sonido.
Se abren las rejas para liberar al tiempo.
Regresa el miedo con el mismo rostro.
El universo se avizora,
amaneció desde la quebrada claridad
para retenernos.
Vendremos con los días a encontrarnos
antes de borrar todo vestigio.

Otra fábula.
Otra condena.
Cargamos nuestros propios laberintos
sin pretender salvarnos,
sin ser heraldos, ni soldados.
Mientras llega el día de la última estocada,
tendremos que inventar nuevas historias.

El espacio comienza a repartirse,
muestra luz intensa.

Avanza la noche como un lienzo suspendido.
Me persiguen los derrumbes.
Intento escapar cada jornada,
escuchar las advertencias.

La ciudad está repleta,
es cúmulo de escombros.
Estrecho mediodía.

Permanece en sus agónicos ensayos
por emerger desde el fondo de la
incertidumbre.
Naufragar la perpetúa.

El reposo llega suave,
sin seducir las ceremonias.

Me quedaré para retratar
con mis obstinadas manos
esta parte de mí a veces ignorada,

escribir a deshoras sobre temas esquivos,
arrancar un trozo del tiempo vencido,
asomarme al espejo (vida-ciudad-poeta),
renunciar a todo,
desistir de habitar en las estrellas,
abstenerme de escuchar hablar de las alianzas,
cesar de acumular los días.

Trajimos desde lejos lo inexplicable del misterio, los delirios que acompañan la constancia. Trajimos con nosotros lo que somos desde el primer tropiezo, hasta aquellos pasatiempos para discrepar con todos y apropiarnos del espacio reservado a los desobedientes.

Llueven furia y fantasía sobre el hogar que dormita pero no capitula, al menos mientras queden los poetas. La isla espera amaneceres. Podría derrumbarse la ciudad, podría convertirse en polvo, podríamos seguir hundiéndonos en el olvido, pero trajimos desde lejos esta cordura que enloquece, esta manía de nombrar todas las cosas para luego cavar en el jardín y ocultarlas de la gente. Aunque ya no nos importen la música triste o el atardecer o el trino de sinsonte, hay pronunciadas lejanías en nosotros, silencios conocidos, perdones consumados. Echo mano otra vez a las promesas, al pacto próximo a cumplirse, al caos celebrado con sus doce campanadas.

Simulacro

Simulo llenar el vacío de los antiguos nombres
hasta excluir las horas,
absorber mis días con un simple gesto,
suprimir lo falso dentro de lo falso.
Encubro mis reglas por temor
a ser expulsado del país de los sin rostros,
los que ya nada tienen que contar
a no ser del desconsuelo breve que conocen.
Dentro de la isla hay paisajes,
inviernos,
omisiones.
En la ciudad alguien se desangra en lo que
aprueba,
dice y mide con su vara.
Detrás de las máscaras hay rostros,
lágrimas.

Ciudad que nos traduces
hasta agarrar la hora perdida,
no corrí tras tu sombra,
ni quedé dormido en cualquier parte.
Salgo más allá de los muros
con esta razón confundida,
hasta sanar totalmente y habitarme.
Pude regresar sin sobornarte
a conquistar mi espacio.
Aún no se habían forjado en mí otros olores.
Estás en las migajas.
Te extiendes hasta enemistarte
con los secretos.
Guardamos el camino intransitable
en la urna,
en medio de la plaza.
Siempre te necesité los días lluviosos
cuando todo parece diferente.
Eres el rostro del tiempo.
Esperé a que aparecieras
y me perfumaras con tu forma triste.
Te alejas.

Mañana podría ser sombra

Es lícito quemar todas las naves,
tirarse del tren cuando queramos,
cambiar el rostro,
vender los sueños,
comprar las pesadillas.

Hace mucho tiempo
tuve vocación para estas cosas,
pero ahora,
cuando me visitan las dolencias,
me zambullo en mi silencio
para escarbar buscando las palabras.

Regreso al mismo sitio cada día
para oler todos mis desvelos,
donde hubo un jardín sin amos,
anticipado a cabalgar sobre la arena
y borrar la huella de la tarde
con un ramo de erradas cicatrices.

Las horas no bastan para decapitar al miedo,
para truncar las turbias invenciones
de sembrar la piedra donde nace el muro.

97

Voy hacia un claro en medio de la maleza
para pernoctar allí y no perderme
en medio del deleite
o del castigo,

Para desconocer las otras mezquindades,
desciendo con más cuidado sobre mis
caprichos,
veo cuando amanece,
escojo una palabra,
discrepo sobre lo razonable.

Entre los versos podría decir me rindo,
pero mañana podría ser sombra,
día de ruptura,
podría tener alas y dejarme solo en esta orilla.

Despierto con el deseo de cantar hasta la noche, pero la noche no viene a acompañarme. He dejado de sobornar al tiempo, me dio la espalda, se quedó dormido en alguna lejana sombra. Antes éramos nosotros, pero "nosotros" ya no existe. Separados podríamos llegar más rápido y construir un mundo nuevo con las partículas de polvo del camino. Cualquier gesto renueva el pacto. Se añaden los años que nunca pasaron frente a la casa. Alerta desde la piedra más próxima a la última mirada, para si aparece, no morir estremecido. Breve soledad que nos asedia. Duda temporal que nos protege. Corren rumores: viniste y no pudimos verte.

Ciclo

Nace:

Sale al encuentro del mundo
que recién le abre los brazos.
Casi todas las cosas caben en una botella.
El bien y el mal aún no existen.
Comienza su regreso.

Se desarrolla:

Su figura conquista, desde lejos
remonta el vuelo repetido
hacia los mismos rumbos
con la urgencia de un sobreviviente.
Se acerca para escuchar la voz del día.

Muere:

Se apegó con recelos
al vacío de las manos ofrecidas.
Llamó a la puerta desde su mármol frío.

Dejaba rastros de su existencia.
A pesar de lo errático de sus pasos hacia la vida,
fue fiel a las sagradas escrituras,
llegó a casa.

Del autor

Osmari Reyes García, Mayarí, Cuba, 1972. Poeta y Haijin. Finalista en el Premio de Poesía Dulce María Loynaz, EE. UU, 2018 y 2019. Mención en el Premio David de la UNEAC, Cuba, 2019. Tercer lugar en el III Premio Literario Internacional Letras de Iberoamérica, México, 2019. Tercer Premio en el Concurso Internacional de Poesía *El Mundo lleva alas*, EE. UU, 2019. Finalista en el VI Certamen Literario de Haikus *Matsuo Bashô,* España, 2020, en el V Certamen Literario de Haikus *Jorge Luis Borges* España, 2020, en el VI Concurso Literario de Haikus *Un bargueño para mis cuentos España,* (2020, así como en el VI Concurso Literario de Haikus *Al claro de la luna*, España, 2020. Mención en el VI Concurso Literario de Haikus *Hilvanando Palabras,* España, 2020. Mención especial en el VI Certamen Literario de Haikus *Chiyo-Ni*, España, 2020, así como en el VI Certamen Literario De Haikus *Natsume Sôseki,* España, 2020. Segundo Premio en el IV Concurso Internacional de Haiku *La Luna Roja,* Cuba, 2020. Participó en el Encuentro Nacional de Talleristas Creadores, Cuba, 2020. Figura en antologías poéticas en Argentina, España y EE. UU. Tiene publicado los poemarios *Los días que descienden sobre nosotros para habitarnos,* Avant Editorial, España, 2020; *Plenitud en los cuatro rincones de la nada,* Amazon, 2020; *Alivio a mitad del llanto,* Vortoj Editores, México, 2020 y *La temporada del hombre,*

Editorial Dos Islas, EE. UU, 2020. Textos suyos han aparecido en publicaciones periódicas de Argentina, Chile, Cuba, España, EE. UU, México, Uruguay, Perú y Venezuela.

Índice

46. *Cúmulos nimbos*. Poesía. Isbel G....
47. *Curvas sobre la superficie del objeto*. Poesía. Anisley Miraz Lladosa.
48. *De picha, y señor mío*. Narrativa. José Luis Riverón Rodríguez.
49. *De poesía y poetas*. Ensayo. Armando Landa Vázquez.

50. *Desnuda ante tus ojos*. Narrativa. Jenny Díaz Valdés.
51. *Después de la Caída*. Poesía. Miladis Hernández Acosta.
52. *Diez cuentos que estremecieron a Cuba*. Narrativa. Carlos Esquivel...
53. *Donde anida el colibrí*. Narrativa. Zuleica Ruíz Peix.
54. *Donde el espejo no llega*. Poesía. José Antonio Martínez Coronel.

55. *Donde termina la mirada*. Poesía. Norge Sánchez.
56. *Dos libros de Guerra (escrito a cuatro manos)*. Poesía. Félix Guerra Pulido y Félix Alexis Guerra Menéndez.

57. *Duendes del domingo*. Libro infantil ilustrado. Daimy Díaz Laborda.
58. *Dulce café*. Poesía. Rafael Vilches Proenza.
59. *E. A. Vol. 1 Breve antología del taller de literatura fantástica y de ciencia ficción "Espacio Abierto"*. Daniel Burguet... y Abel Guelmes Roblejo.
60. *Ejercitar el criterio*. Crítica de narrativa. Waldo González López.

170. *Luz de mágica sombra.* Poesía. Yasmín Sierra Montes.

171. *Malas palabras.* Poesía de Norge Sánchez...
172. *Maravilloso zoológico.* Ilustrado para niños. Pilar Doris Gálvez Martínez.
173. *Más solo que la Luna.* Narrativa. José Alberto Collazo Oramas.

174. *Máscaras.* Poesía. Lázaro Alfonso Díaz.
175. *Memorias de un kamikaze.* Poesía. Jorge Yassel Valdés Reyes.
176. *Memorias del abismo.* Poesía. Miladis Hernández Acosta.
177. *Miami, mi rincón querido. Antología ilustrada de cuento y poesía.* Eduardo René Casanova Ealo.

178. *Mirar, sufrir, gozar...La Habana.* Novela colectiva. Coordinador del proyecto: Lázaro Díaz Cala y Yoss.
179. *Misa de ratones: nueve monólogos teatrales.* Teatro. Edgar Estaco Jardón.
180. *Momentos.* Poesía. Bárbara Olivera Más.
181. *Morir en el fin del mundo.* Narrativa. Amador Hernández Hernández.
182. *Mujeres con testículos.* Narrativa. José Alberto Collazo Oramas.
183. *Mundo invisible. Poesía para todas las edades.* Ronel González Sánchez

184. *Muros y otras historias del fin del mundo.* Narrativa. Clara Lecuona Varela.
185. *Nadar entre dos aguas.* Narrativa. José Alberto Collazo Oramas.

233. *Yo también soy ellas*. Poesía. Yuray Tolentino
     Hevia.

www.ingramcontent.com/pod-product-compliance
Lightning Source LLC
Chambersburg PA
CBHW071327130726
47996CB00002B/652